CATALOGUE

D'UN TRÈS RICHE ET NOMBREUX

MOBILIER,

MAGNIFIQUES GROUPES EN MARBRE BLANC,

Objets d'Art et de Curiosité.

DONT LA VENTE AURA LIEU,

Après départ d'une Famille anglaise,

EN UN HOTEL,

RUE DU FAUBOURG SAINT - HONORE, 64,

Les lundi 19, mardi 20, mercredi 21, et jeudi 22 mai 1845, à midi,

Par le ministère de Me RIDEL, Commissaire-Priseur, rue Saint-Honoré, 335.

EXPOSITION PUBLIQUE

Les samedi 17 et dimanche 18 mai, de midi à cinq heures.

PARIS,

IMPRIMERIE ET LITHOGRAPHIE DE MAULDE ET RENOU,

Rue Bailleul, 9 et 11, près du Louvre.

1845.

3016

CATALOGUE

d'un très riche et nombreux

MOBILIER

Magnifiques groupes en marbre blanc,

Meubles en bois doré, marqueterie, palissandre et acajou ; Rideaux et Tentures en velours et soie; Bronzes rocailles et Pendules style Louis XV, Lustres, Pianos, Tableaux, Livres, Couchers, beaux Tapis en Aubusson et moquette, Tapisseries anciennes, Objets de curiosité et de Petit-Dunkerque, Porcelaines, Cristaux, Plaqué anglais, nombreuse Batterie de cuisine, Meubles divers, etc.,

DONT LA VENTE AURA LIEU AUX ENCHÈRES PUBLIQUES,

après départ d'une famille anglaise,

EN UN HOTEL

RUE DU FAUBOURG SAINT-HONORÉ, 64,

Les lundi 19, mardi 20, mercredi 21
et jeudi 22 mai 1845, à midi.

Par le ministère de Mᵉ RIDEL, Commissaire-Priseur, rue Saint-Honoré, 335.

EXPOSITION PUBLIQUE

Les samedi 17 et dimanche 18 mai, de midi à 5 heures.

CE CATALOGUE SE DISTRIBUE

Chez MM. RIDEL, commissaire-priseur, 335, rue Saint-Honoré,
PARKER, 29, boulevart des Capucines.

PARIS

IMPRIMERIE DE MAULDE ET RENOU,

RUE BAILLEUL, 9-11, PRÈS DU LOUVRE.

—

1845.

3 or 6

CONDITIONS DE LA VENTE.

Elle sera faite au comptant.

Les acquéreurs paieront, en sus de leur adjudication, cinq centimes par franc, applicables aux frais.

ORDRE DE LA VENTE.

Le lundi 19 : — Batterie de cuisine, porcelaines et cristaux de table et d'ornement, plaqués, bronzes.

Le mardi 20 : — Continuation des bronzes, objets de curiosité, les tableaux, livres, et commencement des meubles.

Les mercredi et jeudi : — Meubles en bois doré, marqueterie, palissandre et acajou, rideaux en velours et soie, tapis, couchers, meubles courants, etc.

CATALOGUE

D'UN RICHE MOBILIER,

D'OBJETS D'ART ET DE CURIOSITÉ.

—◆—

DÉSIGNATION

ANTICHAMBRE.

Six chaises, siéges et dossiers, acajou.
Un porte-chapeau, acajou, à neuf branches.
Un grand porte-manteau avec traverses et bâ-
guettes verticales en cuivre.
Un buffet, bois de chêne.
Deux rideaux de croisée en damas de laine
rouge.
Trois petits stores décorés.

SALLE A MANGER.

Un buffet étagère en acajou sculpté.
Une étagère aussi en acajou à dessus de marbre
Sainte-Anne.
Une grande table en acajou sur dix pieds canne-
lés et à huit rallonges.
Dix-huit chaises en acajou couvertes en maroquin
grenat et à dossiers capitonnés.
Une petite table carrée formant boîte à thé, en
bois de palissandre.

Deux candelabres anciens à lis, bronze doré et marbre blanc.

Deux feux en bronze doré à figures.

Garde-feu en cuivre.

Pelle, pincettes et portoir.

Un lustre en cristal à dix-huit lumières.

Deux lampes et leurs supports, bronze en couleur.

Une table de milieu en bois des îles avec filets dorés.

Une jardinière en bois doré, intérieur en plomb, sur trépieds, acajou et bois doré.

Un meuble en acajou, couvert en velours rouge et capitonné, composé de trois canapés, six chaises et un petit fauteuil confortable.

Deux paires de rideaux pour portière, aussi en velours rouge, avec lambrequin en tapisserie.

Les deux galeries de ces portières, en bois sculpté et doré, sont garnies chacune de sept porte-bougies en bronze en couleur.

Une ottomane, forme carrée, garnie en damas de soie rouge et couverte en soie brochée de diverses couleurs.

Un tabouret carré en drap brun brodé en soie.

Deux chaises en bois laqué, couvertes en tapisserie.

Quatre chaises acajou, couvertes en soie brochée.

Un fauteuil confortable, couvert en soie ancienne, brochée soie et or.

Deux garnitures de croisées en damas de soie des Indes rouge, franges, cordons et embrasses.

Deux galeries de croisées en bois sculpté et doré.

Un tapis en moquette anglaise, fond blanc à bouquets, d'environ 8 mètres de longueur sur 6 mètres 20 centimètres de largeur.

Tapis de foyer en moquette haute laine.

GRAND SALON.

Une paire de feux en bronze doré.

Belles pincettes, tisonnier et portoir.

Deux écrans en bois doré, garnis chacun d'une glace.

Une très belle pendule, style Louis XV, en bronze doré rocaille, portant 1 mètre 5 centimètres de hauteur.

Deux beaux candelabres à lis, en bronze doré et à neuf lumières.

Deux torchères en bronze doré.

Deux lampes solaires en bronze en couleur.

Un lustre en cristal à quarante-huit lumières.

Quatre bras à cinq branches de cuivre.

Deux meubles en bois de rose, avec plaques en porcelaine de Sèvres, à dessus de marbre blanc et avec ornements en bronze doré.

Deux jolies tables de jeu aussi en marqueterie et bois de rose.

Un meuble en marqueterie avec ornements en bronze à dessus de marbre.

Deux beaux vases en porcelaine de Saxe. à jours et à fleurs détachées.

Une très jolie coupe en porcelaine de Chine, montée en bronze doré.

Une paire de beaux vases en porcelaine du Japon.

Un très beau piano à queue en palissandre sculpté, à six octaves et demie, du nom de Erard.

Un tabouret de piano en palissandre, couvert en velours rouge.

Un porte-musique en acajou.

Trois grands divans couverts en damas de soie cramoisie, dont deux avec dossiers, garnis chacun de trois oreillers, et avec estrades couvertes en drap rouge.

Six fauteuils en bois doré couverts en damas de soie cramoisie.

Six chaises dito couvertes en soie de diverses couleurs.

Une bergère couverte en soie dito.

Un fauteuil Voltaire en bois doré couvert en damas de soie cramoisie.

Une bergère   dito   dito.

Un canapé   dito   dito garni de deux traversins et deux oreillers.

Une chaise longue   dito   dito garnie d'un coussin.

Une ottomane forme carrée   dito.

Un prie-dieu   dito.

Deux tabourets carrés   dito.

Deux tabourets ronds   dito.

Trois tabourets de pieds couverts en tapisserie.

Deux garnitures de fenêtres en damas de soie cramoisie avec franges, embrasses et cordons.

Deux galeries de fenêtres en bois sculpté et doré.

Un grand tapis en moquette anglaise, fond blanc et à fleurs, de 9 mètres 80 centimètres de longueur sur 6 mètres 20 centimètres de largeur.

Un tapis de foyer moquette haute laine.

Un tapis de passage en laine jaspée.

PETIT SALON ENSUITE DU PREMIER.

Deux feux bronze doré.

Pelle, pincettes, tisonnier en acier et portoir en cuivre.

Un garde-feu en cuivre.

Une pendule et deux candelabres, bronze doré rocaille, style Louis XV.

Deux bras à cinq branches en cuivre.

Deux dito à trois dito.

Deux dito en cuivre et cristal à quatre lumières.

Un lustre en cristal à huit lumières.

Deux jolies étagères en bambou, garnies de glaces.

Une corbeille à ouvrage en bois noir, garnie en soie jaune.

Une table de milieu en bois d'érable.

Deux tables de jeu dito.

Un meuble en érable couvert en damas de soie jaune, composé d'un divan à accotoir, garni de trois oreillers, une causeuse, six chaises , une bergère et un fauteuil.

Six chaises en bois d'érable foncées en canne.

Deux garnitures de fenêtre en damas de soie jaune et mousseline, avec franges, embrasses et cordons.

Deux galeries de fenêtres en bois sculpté et doré.

Un tapis en tapisserie ancienne de Beauvais, sujet pastoral d'après Bouchers.

Un tapis de passage en panne rouge.

Un tapis de foyer en moquette haute laine.

Deux girandoles en cristal.

Une statuette en albâtre, femme couchée.

Un vase porcelaine , décors fond bleu avec médaillons à paysages.

Deux autres vases porcelaine, décors fond rose avec médaillons.

Quantité d'objets de Petit-Dunkerque.

Porcelaines de Chine, française et anglaise.

CHAMBRE A COUCHER A LA SUITE DU PETIT SALON.

Une galerie de cheminée en bronze.

Pelle, pincettes, tisonnier en acier avec portoir.

Une pendule en albâtre.

Deux candélabres anciens, figures en bronze supportant des lis en bronze doré et à cinq lumières.

Deux flambeaux en cristal, socles en wedgwood et bronze.

Deux autres petits flambeaux à deux branches en bronze doré et marbre blanc.

Une petite lampe de suspensiou en cuivre et cristal.

Un joli petit meuble ancien en palissandre, avec incrustations en ivoire, et garni de onze tiroirs.

Un autre petit meuble ancien formant toilette, aussi en palissandre avec incrustations en ivoire, et garni d'une glace.

Un meuble formant bibliothèque et étagère en palissandre, avec incrustations en bois de houx, garni d'une glace.

Une toilette à la duchesse, aussi en bois de palissandre.

Une couchette en acajou, avec ornements en bronze doré.

Un secrétaire à colonnes   dito.
Une table de nuit   dito.
Une toilette avec tiroirs   dito.
Coucher complet.

Une table de sopha en bois de palissandre, avec filets en bois de citronnier.

Une psyché en acajou.

Deux chiffonniers en bois de citronnier, garnis chacun de cinq tiroirs.

Une causeuse couverte en soie bleue.

Six chaises en bois de hêtre, couvertes de soie bleue brochée en couleur.

Deux garnitures de croisée en soie bleue, avec

bordures et lambrequins en soie ancienne brochée, embrasses et cordons.

Deux galeries de fenêtres en bois sculpté et doré.

Un tour de lit en mousseliue, avec double rideau de coton bleu, couronne en cuivre repoussé et lambrequins en soie ancienne.

Deux petites étagères en acajou.

Deux   dito   en bois des îles, à glace.

Un tapis en moquette anglaise fond blanc à fleurs, d'environ 6 mètres 20 centimètres de longueur sur 4 mètres 20 centimètres de largeur.

Un tapis de foyer en moquette haute laine.

Une potiche en porcelaine de Chine décorée.

Deux jolis vases en porcelaine de Saxe à figures et fleurs détachées.

Deux sucriers avec couvercles et plateaux à fleurs détachées.

Un déjeûner en porcelaine de Saxe décorée.

Trois paires de vases en porcelaine de Chine.

Quantité d'objets de Petit-Dunkerque, porcelaines de Chine, de Saxe, française et anglaise.

CHAMBRE A COUCHER A LA SUITE DU GRAND SALON.

Une galerie de cheminée en bronze.

Pelle, pincettes, tisonnier, porte-pelle et pincettes.

Une garniture de cheminée en bronze et marbre noir, composée d'une pendule, deux candelabres et deux flambeaux.

Deux petites statues équestres, Henri IV et Louis XIV, en bronze, sur le socle en marbre.

Un autre bronze, le Temps, sur socle en marbre.

Deux petits bustes en bronze.

Deux cassolettes en bronze.

Une lampe de suspension en cuivre et cristal.

Un petit bureau en bois de placage avec ornements en cuivre et dessus en basane.

Une couchette, acajou.

Coucher complet.

Une armoire à glace, en acajou.

Trois cartonniers en acajou, garni chacun de six cartons.

Deux commodes forme anglaise, en acajou.

Deux petites bibliothèques   dito.

Une table de nuit   dito.

Un porte-registre   dito.

Siéges divers   dito.

Table de sopha garnie de deux tiroirs.

Une toilette anglaise en acajou.

Deux garnitures de fenêtres en damas de laine jaune.

Un tapis Aubusson, avec dessin et encadrement.

Deux rideaux de portière en damas de laine rouge.

Livres. Cent volumes, littérature anglaise.

Un piano carré en acajou.

COULOIR.

Une lampe anglaise à deux becs en cuivre.

Grande armoire à linge à deux ventaux en acajou.

TROISIÈME CHAMBRE A COUCHER.

Une galerie de cheminée, pelle, pincettes, tisonnier, grille à charbon.

Une pendule en bronze sur socle en marbre.

Deux couchettes en fer.

Couchers complets.

Deux commodes en acajou.

Un petit bureau en bois de placage avec ornements en cuivre.

Table de nuit en acajou à dessus de marbre.

Siéges divers en acajou.

Quatre rideaux de croisée en damas de laine
vert.

Un tapis de pieds jaspé.

Objets divers.

Quantité de meubles à tous usages, en acajou et
noyer, lits en fer, couchers complets, etc., garnis-
sant dix chambres de domestiques.

CUISINE.

Bonne et nombreuse batterie de cuisine en cuivre, ustensiles divers et meubles de cuisine et d'of-
fice.

Impr. et lith. de Maulde et Renou, rue Bailleul, 9-11.   3016